SOCIÉTÉ DES INGÉNIEURS CIVILS DE FRANCE
FONDÉE LE 4 MARS 1848
Reconnue d'utilité publique par décret du 22 décembre 1860.

LA DESTRUCTION DES MOYENS DE TRANSPORT

PENDANT LA GUERRE

ET LEUR RESTAURATION

PAR

M. A. MOUTIER

EXTRAIT DES MÉMOIRES DE LA SOCIÉTÉ DES INGÉNIEURS CIVILS DE FRANCE
(Bulletin de janvier-mars 1921)

PARIS
19, rue Blanche, 19
1921

LA DESTRUCTION
DES MOYENS DE TRANSPORT
PENDANT LA GUERRE
ET LEUR RESTAURATION [1]

PAR

M. A. MOUTIER

Au point où nous en sommes de la reconstitution dans le Nord de la France, du fait de l'activité déployée pour le relèvement des ruines, dans toutes les industries, notamment celle des transports, disparaissent, peu à peu, les traces de la dévastation ennemie.

Il n'y a pas jusqu'à la nature elle-même qui se charge de tout effacer en faisant renaître une végétation laquelle s'étend en tapis aux couleurs vives et variées sur tout ce vaste champ de carnage qu'a été la zone du front, et là surtout où les vaillantes populations rurales impatientes de reconquérir leur terre ont pu utiliser, pour explorer et remuer le sol, les puissants instruments aratoires mis à leur disposition pour le service des régions libérées.

La Société des Ingénieurs Civils de France a pensé qu'il fallait ne plus tarder à fixer les témoignages que nous offre encore le présent, faire appel à une mémoire facile pour le court retour en arrière qui permettra de traduire les souvenirs d'un passé peu lointain et finalement envisager ce qu'on peut escompter de l'avenir.

Déjà pareille étude a été faite par M. le Président Gruner en ce qui concerne les Mines et la Métallurgie et en acceptant, comme Président de la deuxième section, le soin de remplir la même mission pour les moyens de transports, la tâche que j'assume ainsi serait un peu lourde si la vision que j'ai eue des faits nombreux qui se sont passés pendant la guerre, sur le chemin de fer du Nord en particulier, et la modeste mais assidue contri-

(1) Voir Procès-Verbal de la séance du 21 mars (fascicule séparé, n° 4, p. 95.)

bution que j'apporte, jour par jour, au grand travail de la reconstitution, ne me permettaient de donner certaines précisions sur les cas les plus caractéristiques susceptibles de fixer l'attention.

La déclaration qu'a faite, à son départ pour l'Amérique, un ami fidèle de la France avec qui j'ai eu le grand honneur de collaborer à la « Renaissance des Cités » me souligne comme plus impérieux encore, ce devoir.

Le Major Ford, architecte urbaniste, conseil de la ville de New-York, qui, dès le premier appel dans son grand pays pour la guerre mondiale, était venu en France avec la Croix-Rouge américaine, a voulu, la guerre finie, ne pas quitter le pays où il avait gagné tant de sympathies sans mettre à la disposition des régions meurtries ses connaissances spécialisées qui le qualifiaient plus que tout autre à l'étude des plans de reconstitution.

« J'ai, comme tout le monde, été frappé, pendant mon long » séjour ici, disait-il en substance, par la bravoure admirable » du soldat français, la haute stratégie de ses chefs et par la foi » inébranlable des populations qui, même en présence des plus » graves dangers, ont toujours su se tirer des plus pénibles » situations. C'était déjà suffisant pour apprécier votre magni- » fique pays et l'aimer chaque jour davantage ; mais c'est seu- » lement après l'armistice que j'ai compris ce que le peuple de » France avait vraiment de grand qui surpassait toute imagi- » nation.

» Je venais à peine de visiter le front entièrement dévasté, et » j'avais dû rester quelque temps à Paris, pour les Conseils aux- » quels j'étais convié d'assister, lorsque, retournant là-bas, tout » à ma vue n'était que métamorphoses : là où hier encore c'était » le néant, la vie agricole et la renaissance industrielle com- » mençaient déjà à se dessiner ; et au fur et à mesure le rail » apparaissait dans ces espaces désolés à perte de vue, où pas » un arbre, pas un toit ayant la marque du temps ne venait » déceler que là régnaient autrefois, avant l'invasion destructive, » la civilisation laborieuse et la joie de vivre.

» De semaine en semaine, de jour en jour les trains arrivaient » et devenaient de plus en plus nombreux ; de nouveaux ouvrages » se reconstruisaient, et le rail avançait toujours et avec lui la » reprise du mouvement dans ces régions désertiques. On para- » chevait derrière, pendant qu'on créait les lignes nouvelles à

» l'avant, et n'est-ce pas encore plus que créer que de remettre » le rail dans des milieux absolument chaotiques des anciennes » lignes existantes ?

» Je me suis demandé si je n'étais pas comme bercé dans un » rêve, en présence de ces résultats fantastiques.

» Non, ce rêve, c'était la réalité.

» Et il m'est venu alors cette réflexion, que ceux qui n'au- » raient pas vu tout d'abord le néant résultant d'une destruc- » tion effrénée — et combien ils sont nombreux — ne pourraient » jamais se douter de l'effort accompli, aujourd'hui que tout, » par une prodigieuse activité, est pour ainsi dire reconstitué.

» Mes compatriotes, ajoutait le Major Ford, seront les premiers » à en déduire qu'il y avait en somme peu de chose à faire et » qu'on a peut-être quelque peu exagéré l'étendue des dom- » mages alors que ceux-ci dépassent tout ce qu'il eût été humai- » nement possible d'envisager.

» Il importe donc de crier la vérité pour mesurer l'effort tita- » nique dont s'est montré capable le Génie civil français et par- » ticulièrement ceux à qui incombait le rétablissement d'un » régime ferroviaire complètement anéanti.

» En rentrant à New-York, je saurai le prôner tout autour de » moi » et, dans sa modestie, le major ajoutait : « Combien seront- » ils à lire ma prose à la lueur de la conviction qui m'étreint ? » des milliers tout au plus ; mais il y a des millions d'Améri- » cains, des centaines de millions de sujets civilisés dans le » monde entier qu'il faut renseigner, documenter, pour qu'on » connaisse exactement l'effort accompli. Il est nécessaire qu'on » sache bien que là où il ne restait plus rien et alors que les » moyens étaient réduits par suite des souffrances de la guerre, » tout a poussé comme par enchantement, grâce à une rapide » assimilation des conditions du problème inouï qui se présen- » tait, l'ardente volonté d'y satisfaire et la sûreté de vue dans le » choix et l'utilisation des moyens. »

En recevant, d'ici, par l'au-delà de l'Atlantique, mon souvenir ému, le Major Ford verra que son conseil a été suivi.

Je vais montrer en effet, avant que les traces en soient à jamais disparues, et en commençant par les chemins de fer (réseaux du Nord et de l'Est), la destruction accumulée avec tout le raffinement d'une « schadenfreude » (joie de détruire) qu'on n'aurait pu soupçonner.

La carte, page 10, qui donne précisément les régions du Nord et de l'Est, avec la ligne du front des armées, délimite la faible portion à laquelle s'est trouvé réduit pendant longtemps le malheureux réseau du Nord (1 950 km sur 3 840) et sur laquelle il a fallu pourtant accumuler tous les trains que comportait la situation militaire; elle montre aussi le réseau de l'Est privé lui-même de toutes ses communications directes avec la partie Nord du front, ce qui l'a conduit à utiliser à bloc ses lignes restées intactes et à employer le plus souvent des moyens de fortune pour assurer un trafic intense sur des voies non outillées à cet effet.

Il a donc fallu modifier l'agencement de presque toutes les gares existantes en deçà du front et en créer de nouvelles ayant une grande ampleur pour jouer le rôle de régulatrices.

On a été amené aussi à doubler presque toutes les lignes à voie unique, à en tripler un certain nombre d'autres, en forte déclivité, en dédoublant la voie principale dans le sens de la rampe, et enfin à quadrupler certaines sections, sans compter tous les raccordements entre les lignes existantes pour permettre le passage direct, sans rebroussement, d'une ligne sur l'autre, des courants militaires qui n'avaient rien de commun avec les courants commerciaux du temps de paix.

On a même été jusqu'à construire des lignes nouvelles de grande longueur.

Tout cela a comporté un effort énorme dont tout le mérite revient en majeure partie aux Commissions de Réseau qui ont tout réglé et dirigé, en recourant, pour l'exécution, à un très grand nombre de travailleurs plus ou moins familiarisés avec ce genre d'ouvrage, et qui ont dû ainsi suppléer par une très grande ardeur à une insuffisance d'habitude.

C'est précisément à cette école que le personnel civil actuellement sur la brèche a pris l'entraînement nécessaire pour aborder le problème de la reconstitution avec une ardeur égale et des moyens aussi expéditifs que ceux qu'impliquaient les nécessités militaires.

Nous ne pouvons donc laisser sous silence un passé qui va répondre de l'avenir.

Tous ces travaux ont représenté, pour les réseaux du Nord et de l'Est, plus de 10 000 km de voies et 1 500 installations nouvelles — et non des moindres — si on en juge par la gare régulatrice de Romescamps, près d'Abancourt, sur le Nord, qui comporte une gare créée de toutes pièces sur environ 200 ha, y compris la station-magasin et les dépôts anglais, et celle de Connantre, près de Fère-Champenoise, sur l'Est, qui comporte 70 km de voies et 220 appareils.

Entre mille faits permettant de juger de la rapidité d'exécution du temps de guerre, sur le Nord, on peut citer, par exemple, le deuxième tunnel de Marseille-en-Beauvaisis, pour la mise à double voie de la ligne du Tréport, entre Saint-Omer-en-Chaussée et Longroy-Gamaches.

Le tunnel existant à voie unique, qui a une longueur de 400 m environ, se trouvant dans un terrain plus ou moins commode, sous une route nationale qui lèche de très près son extrados et sur laquelle les convois de troupes et de ravitaillement circulaient constamment, il eût été bien difficile de l'élargir et c'est un deuxième tunnel qu'on a fait à côté.

L'exécution de ce nouveau tunnel, qui mesure 362 m de longueur, a été effectuée avec l'aide, comme main-d'œuvre, des mineurs du Pas-de-Calais qui avaient été refoulés par l'offensive allemande. Alors qu'il avait été accordé 100 jours pour la construction, l'ouvrage a été réellement livré avec un caractère définitif et sa complète parure, au bout de 77 jours.

Comme ligne nouvelle, sur le Nord également, il faut citer celle de Feuquières-Broquiers à Ponthoile, dont le développement de 88 km à deux voies et à bon profil peut parer aux difficultés que créait l'impossibilité de passer par le nœud d'Amiens qui était battu par l'artillerie ennemie.

Cette ligne, qui coupait la ligne d'Amiens à Rouen, celle de Longroy-Gamaches à Longpré, celle d'Eu à Abbeville, venait se souder sur la ligne du littoral, au delà d'Abbeville, échappant ainsi au pont tournant sur la Somme : mise en communication avec toutes les lignes transversales existantes, elle aurait permis ainsi d'établir indistinctement tous les courants de transport importants que le Nord avait à satisfaire, c'est-à-dire ceux du Sud vers le Nord via Beauvais, en évitant Amiens, ceux de Rouen au Havre, pour le Nord, passant par Martainneville, et ceux de la région de Dieppe atteignant l'au delà d'Abbeville, par Eu, Chépy-Valines et Ponthoile.

Le quadruplement, au delà de Ponthoile, vers Étaples, de la ligne principale du littoral, a même été exécuté comme prolongement naturel de la nouvelle ligne, mais fort heureusement il n'a pas servi car c'est a ce moment même qu'a lui l'arc-en-ciel de l'armistice.

La nouvelle ligne, qui a comporté l'exécution de terrassements s'élevant à 784 000 m^3 de terres, l'emploi de 262 000 m^3 de ballast, le franchissement de la Somme sur une estacade, la pose de 176 km de voies principales et de 34 km de voies accessoires, a été exécutée avec une rapidité vertigineuse : l'ordre d'exécution ayant été lancé le 22 avril 1918, elle était inaugurée le 15 août; c'est-à-dire qu'en 114 jours on avait terminé ses 88 km, tout enclenchés, munis du block system et par conséquent, dans les conditions requises pour assurer le service le plus intensif.

Sur le réseau de l'Est, on peut citer d'abord la ligne construite lors de l'offensive de Champagne de septembre 1915 entre Cuperly, près de Châlons-sur-Marne, et Sainte-Menehould (37 km construits en moins de trois mois);

Ensuite les lignes destinées, lors de l'offensive allemande contre Verdun, à ravitailler les héroïques troupes qui barrèrent la route à l'envahisseur alors que le feu de l'ennemi avait rendu inexploitables les deux relations normales. Ces lignes, de 200 km de développement, partaient de Sommeille-Nettancourt (près Revigny) et allaient à Dugny et Clermont-en-Argonne avec de nombreuses antennes de ravitaillement; elles furent construites au printemps 1916 dans des conditions particulièrement difficiles en raison de la mauvaise nature des terrains rencontrés.

Enfin, pour assurer les courants du Nord au Sud s'établissant via Châlons, qui s'est trouvé à un moment donné constamment bombardé par l'ennemi, la ligne de contournement qu'on a dû créer autour de cette ville et qui a été faite dans d'excellentes conditions d'exécution et de rapidité.

C'est après un tel effort que nous arrivons en 1918 à l'effondrement allemand qui nous met en présence de deux genres de destruction : celle du fait de la bataille dans toute la région indiquée sur la carte par un quadrillage, et celle plus en arrière où l'ennemi avait systématiquement ruiné le pays avant de l'abandonner et qui est indiquée sur la même carte par de simples hachures de tonalité plus faible.

Il n'y a pas un grand effort à faire pour se rendre compte de l'étendue de cette destruction car elle a été complète — rien n'y a échappé.

Toutes les voies, non seulement les rails, traverses, etc., mais les plateformes elles-mêmes, y compris les tranchées et les remblais, étaient complètement bouleversées. A l'endroit où il y avait autrefois des voies — et il n'a pas toujours été aisé de reconnaître ce qui existait avant cette destruction intégrale — tous les rails ont été enlevés ou laissés sur place, inutilisables, constituant ainsi plutôt une gêne qu'une ressource. Inutile était aussi de songer à réparer quelques aqueducs, ponts, viaducs et tunnels car, partout, ils avaient été entièrement anéantis

La destruction de la voie a donné lieu à deux procédés distincts : ou bien l'ennemi laissait les rails en place et faisait sauter un joint sur deux, en y mettant une cartouche d'explosif, de telle manière que les rails, avec leur extrémité arrachée et faussée, ne pouvaient resservir sur l'heure et il fallait les enlever et en amener d'autres. Quelques-uns, il est vrai, ont pu resservir après découpage dans des ateliers improvisés tout exprès çà et là et où on a dû les conduire.

Mais l'ennemi a fait mieux encore : pour désagréger tous les éléments de la voie et permettre de les replier à l'arrière, il avait recours à une boucle constituée par une barre de rail

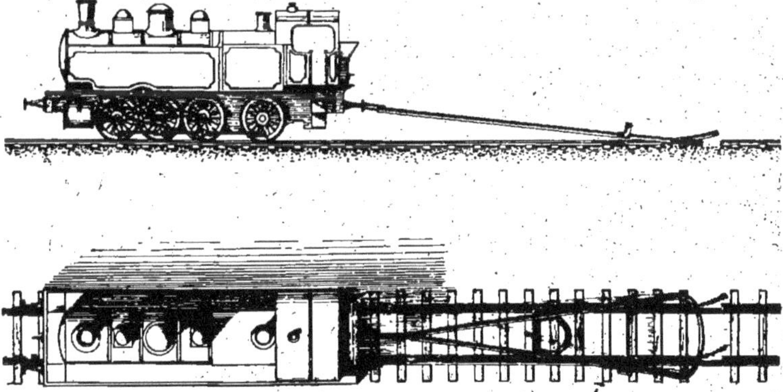

courbée à la forge et se terminant par un V à l'extrémité duquel on devait atteler une locomotive marchant à une vitesse relativement faible mais d'une manière continue. Les éclisses de rail à rail étant enlevées, au fur et à mesure, on introduisait la boucle destructrice sous l'extrémité des deux rails. Tirée ensuite par la locomotive, cette espèce de charrue venait buter de proche en proche contre les traverses qu'elle décollait en faisant sauter les tirefonds : rails, traverses et débris de toutes sortes jonchaient alors le sol en l'encombrant. On se rend facilement compte de l'importance des dégâts que semblable engin pouvait effectuer dans une journée.

Quant à l'assiette de la voie, le ballast en avait presque complètement disparu pour servir aux abords ou au loin dans tous genres de constructions militaires.

En ce qui concerne la plate-forme même, on ne peut se faire une idée de l'état dans lequel on l'a malheureusement retrouvée, presque partout, à tel point que bien souvent on s'est demandé s'il ne valait pas mieux envisager un tracé nouveau. C'était le cas de la grande tranchée de la ligne d'Arras à Lens, sur le Nord, dont l'état de destruction était tel que, pendant plusieurs semaines, on a hésité à en entreprendre la remise en état.

Les lignes de Reims à Laon et de Bazancourt à Challerange, du réseau de l'Est, qui jalonnaient le front sur une partie de leur tracé, furent transformées en lignes de retranchement et, pour ne citer qu'un exemple, celui de la tranchée de Loivre, la réparation des talus garnis d'une multitude d'abris profonds, que l'ennemi lors de son départ avait minés, fut particulièrement longue et délicate.

D'une manière générale, en ce qui concerne les remblais, la méthode ennemie a consisté à utiliser l'aqueduc qui donne passage au petit ruisselet qu'on trouve toujours au fond de la vallée traversée : il était bourré d'une quantité massive d'explosifs, inconnue jusqu'alors, de telle manière qu'à l'explosion des cratères énormes se formaient qui avaient jusqu'à des dizaines de mètres de diamètre.

C'est tout cela qu'il a fallu combler en bien des points par des centaines de milliers de mètres cubes de terre pour rétablir la continuité du rail.

La destruction des souterrains de Perthes et de Mézières donne bien une idée de l'effet des explosifs employés à telle dose. A Mézières, le sol a été remué jusqu'à la surface de la colline traversée en sorte que la reconstruction des voûtes au travers du chaos des maçonneries éboulées, des rails tordus et du terrain en mouvement, devenait incomparablement plus difficile que l'ouverture d'un tunnel nouveau dans le terrain vierge. Finalement on a fait une grande tranchée.

Partout les tabliers et les culées des passages inférieurs ou supérieurs ont été détruits de fond en comble alors que la destruction purement militaire, du côté français, se bornait à couper partiellement ces sortes d'ouvrages avec des chapelets de cartouches d'explosifs.

Bien pis encore, la désagrégation des ouvrages se répercutait sur une très grande distance de part et d'autre. Comme l'ennemi enfouissait à une grande profondeur sous les culées des ponts de fortes charges d'explosifs, l'explosion atteignait les fondations mêmes qui s'ébranlaient et même disparaissaient complètement pendant que les remblais d'approche s'envolaient pour ainsi dire : tel ouvrage qui comportait 4 à 10 m d'ouverture offrait après la destruction une brèche de 40, 50 et même 60 m *(fig. 1 et 2, pl. 1)*.

Ainsi que le montrent quelques photographies prises parmi tant d'autres, les viaducs sur le Nord n'étaient plus que des monceaux de débris et les tabliers métalliques, tordus ou déchiquetés, encombraient le lit des rivières.

Pour les grands ouvrages de l'Est, sur l'Aisne et sur la Meuse, les fondations étaient ébranlées jusqu'au sol naturel et leur réfection a donné lieu à des difficultés considérables à cause des amoncellements d'éboulis qui les recouvraient. Des crues persistantes jusqu'à la fin de mai 1919 vinrent encore aggraver la situation.

En ce qui concerne les gares, il ne restait plus rien, surtout dans les gares importantes. On peut en juger par les panoramas des emplacements des gares de Lens *(fig. 3, pl. 1)* et de Chauny *(fig. 4, pl. 1)*.

Les très grands bâtiments qui restaient debout par-ci par-là n'étaient guère mieux que s'ils avaient été détruits complètement. Une photographie hors texte donne l'intérieur de la gare de Valenciennes après destruction *(fig. 5, pl. 1)*.

En ce qui concerne les routes et les voies navigables, on a eu à enregistrer de semblables destructions et, comme exemple, on trouvera la photographie de l'emplacement entièrement dévasté de l'ancienne écluse double de Fontaine-les-Clercs, sur le canal de Saint-Quentin *(fig. 6, pl. 1)*, reconstituée en trois mois *(fig. 7, pl. 1)*.

Pour détruire, il n'y a pas qu'aux procédés modernes qu'on s'est attaché car même ceux des premiers âges trouvent leur emploi.

C'est ainsi qu'on a retrouvé, en gare de Coucy-le-Château, un engin qui réalise le bélier antique et constitué par une simple pièce de bois, trouvée sur place. Suspendu sous un essieu de véhicule quelconque, le bélier ainsi sommairement établi était

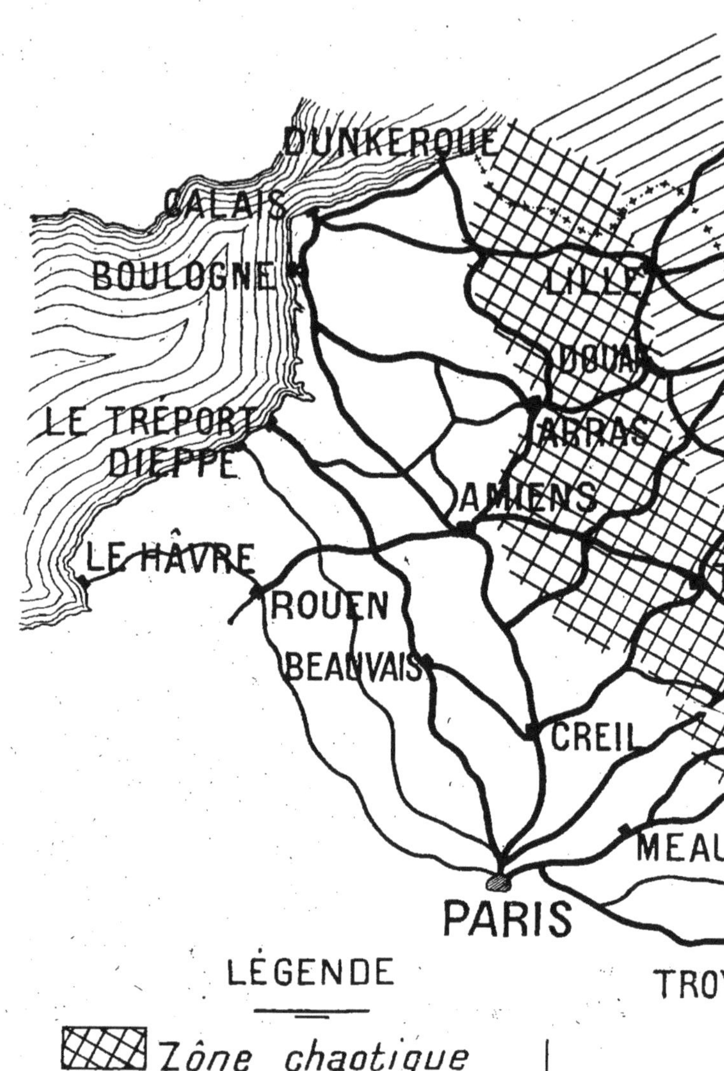
DUNKERQUE
CALAIS
BOULOGNE
LILLE
LE TRÉPORT
DIEPPE
ARRAS
AMIENS
LE HÂVRE
ROUEN
BEAUVAIS
CREIL
PARIS
LÉGENDE
Zône chaotique
Zône de destruction systématique

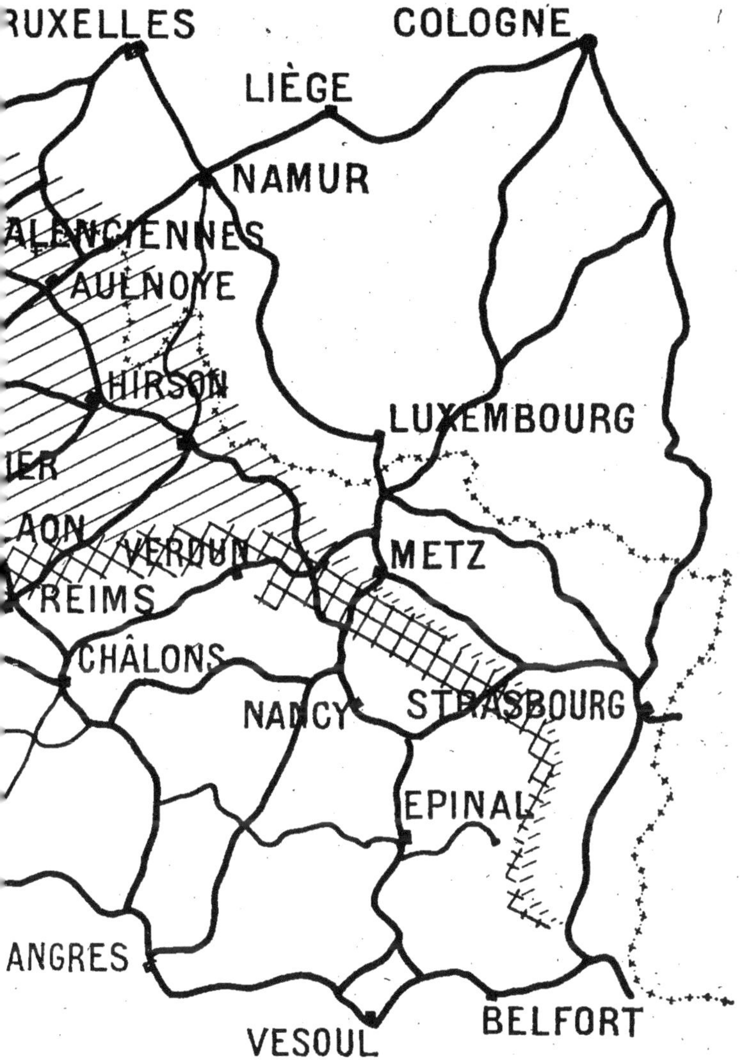

RUXELLES
COLOGNE
LIÈGE
NAMUR
ALENCIENNES
AULNOYE
HIRSON
LUXEMBOURG
IER
AON
VERDUN
METZ
REIMS
CHÂLONS
NANCY
STRASBOURG
EPINAL
ANGRES
VESOUL
BELFORT

amené à proximité de la cloison ou du mur à abattre, celui de la halle aux marchandises dans l'espèce, qui, finalement, s'écroulait après plusieurs pesées.

Mais où le raffinement se manifeste dans la cruauté de la destruction, c'est bien dans l'emploi des mines à retardement qui ont produit, bien après le repli de l'ennemi, de grandes explosions dont les réseaux ont fortement souffert dans les derniers mois de 1918 et même dans le début de 1919.

Ces mines à retardement étaient, en général, constituées par la réunion d'un certain nombre d'obus de 150 ou d'un calibre

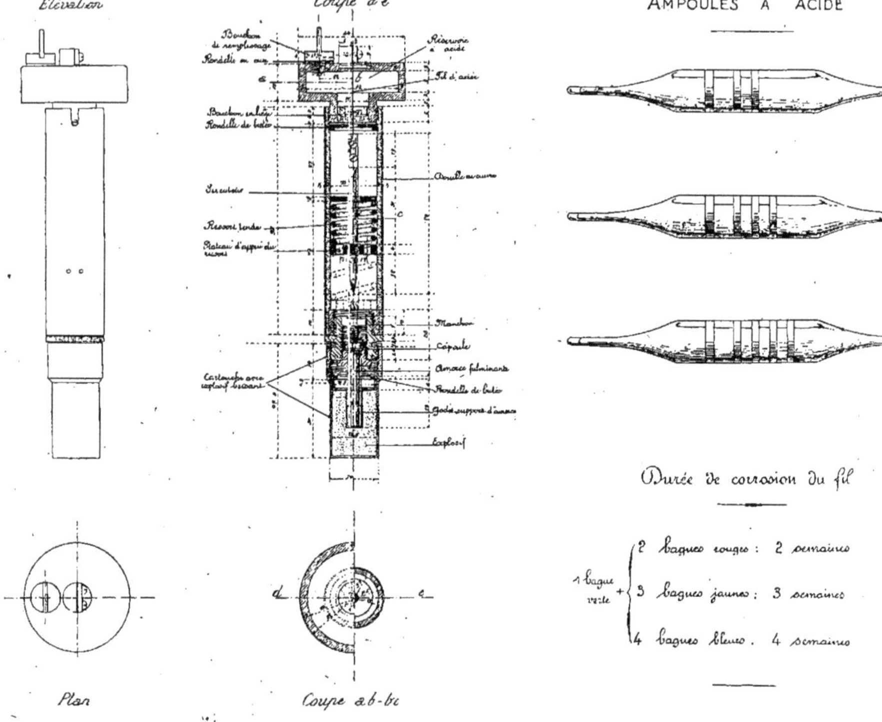

supérieur qui étaient placés, pour les installations de voies ferrées, au pied d'un ouvrage d'art, au croisement d'un passage à niveau et des voies principales, au pied d'un talus, à la tête d'un faisceau des garages ou bien encore dans les caves des bâtiments qu'il s'agissait de faire sauter.

Pour disposer ces obus, il suffisait de faire un simple trou sans qu'aucun bourrage soit nécessaire pour donner l'effet utile à l'explosion, l'enveloppe même des obus constituant ce bourrage.

Au-dessus des obus se plaçaient un certain nombre de caisses d'explosifs et, pour mettre le feu à ces explosifs, les Allemands avaient imaginé un détonateur que montre la photographie ci-contre et qui était constitué par une douille en cuivre à la partie supérieure de laquelle se vissait un réservoir rempli d'acide et traversé par un fil d'acier baignant dans cet acide.

Le fil d'acier retenait un percuteur sollicité par un ressort tendu, prêt, le fil venant à faire défaut, à frapper sur une amorce fulminante placée au-dessous.

C'est l'acide versé dans le réservoir supérieur qui avait pour mission d'attaquer le fil d'acier et de finir par le ronger pour déclencher le percuteur. Le liquide corrosif, suivant son degré d'acidité, déterminait l'époque plus ou moins rapprochée de la déflagration.

Pour qu'il n'y ait aucune chance d'erreur de la part des opérateurs, les ampoules contenant la substance portaient des bagues distinctives. En dehors de la bague verte, toujours existante, chaque bague rouge supplémentaire correspondait à un intervalle d'une semaine. Il y avait des ampoules à deux barres rouges pour des destructions différées à deux semaines, des ampoules à trois barres rouges pour trois semaines, etc.

En fait, les délais entre la pose de la mine et son explosion ont été souvent notablement plus importants, c'est ainsi que le bâtiment principal de Roye, sur le réseau du Nord, n'a sauté que 75 jours après le départ des Allemands.

Nous y avions tenu une conférence lors de la réoccupation et le Président de la République y était passé quelques heures auparavant salué par les populations revenues précipitamment au milieu des ruines de la malheureuse cité.

La gare de Charleville était garnie de cinq fourneaux de mines contenant chacun un tombereau d'explosifs brisants. Heureusement un seul des fourneaux éclata, mais qui anéantit cependant d'une manière complète un des corps important de l'ossature générale.

Le bâtiment de Reims, systématiquement bombardé par les Allemands, était réduit à l'état de squelette et dût être refait entièrement en dehors des murs que leur solidité permit de conserver moyennant quelques réparations.

En ce qui concerne les chemins de fer, le total des destructions se chiffre finalement, pour le réseau du Nord, par 1 700 km de voies principales, plusieurs dizaines de milliers de kilomètres de voies accessoires, 811 ponts (passages supérieurs ou inférieurs), 8 grands viaducs et 5 tunnels, 338 gares ou stations, 115 alimentations d'eau.

Pour le réseau de l'Est, les destructions portent sur 935 km de lignes principales, 202 ponts en maçonnerie, dont 17 ouvrages de 70 à 120 m de longueur sur la Meuse, l'Aisne, l'Avre, la Marne et l'Ourcq et sur 162 ponts métalliques et 10 souterrains.

Le montant de tous les dommages directs infligés aux chemins de fer a été reconnu par les Commissions officielles comme s'élevant à environ 4 milliards et en laissant de côté, bien entendu, la perte indéterminée à subir pendant de longues années du fait de la ruine systématique des régions desservies, autrefois si prospères.

En ce qui concerne les routes, la destruction a porté sur 69 800 km, représentant 13 millions de mètres cubes de matériaux et 100 millions de pavés, pour une dépense de 1 352 millions de francs. Tous les ouvrages dépassant 3 m d'ouverture qui ont été anéantis sont au nombre de 2 000, représentant une valeur de 235 millions de francs, soit au total, pour le réseau routier, 1 600 millions de francs.

Déjà 10 000 km de routes sont entièrement reconstruits, 29 000 sont améliorés et 380 ouvrages d'art sont reconstruits.

En ce qui concerne les voies navigables, 1 036 km ont été détruits et déjà, au 1er janvier de cette année, 961 km étaient reconstitués et sur les 1 120 ouvrages d'art (ponts et passerelles, écluses simples et doubles), 914 ont été rétablis, en sorte que la trace a déjà presque disparu de ces dommages qu'on peut chiffrer par 500 à 600 millions.

Quant aux ports de mer, celui de Calais et surtout celui de Dunkerque ont été endommagés par l'ennemi et un plan anglais de la ville de Dunkerque fait pendant la guerre montre par la multitude des petits points noirs qu'on peut évaluer à plus de 7 000 comment toute l'étendue de la ville et du port a été criblée de projectiles de tous calibres, y compris les 380, par la mer, les airs et du côté de la terre.

En définitive, c'est plus de 6 milliards qu'il faut compter pour les dommages directs qu'ont subis tous les moyens de transport que comporte l'outillage national.

On mesure facilement, par cet exposé et les chiffres à l'appui, le travail gigantesque qu'imposait la reconstitution. Et certes de moins en moins, avec le temps, on pourrait s'en douter, étant donnée l'extrême rapidité avec laquelle, comme nous allons le voir, cette reconstitution a été menée.

Tout d'abord, dans la personne de ses Compagnies dites d'avant-garde, le génie militaire a assuré la tâche de rétablir par tous les moyens possibles la circulation sur une voie provisoire sur toutes les lignes où il ne se heurtait pas à une grosse destruction comme celle d'un viaduc.

Quand il s'agissait d'un petit ouvrage pour franchir une route, si la route n'était pas indispensable, on la comblait par des terres ; si la brèche était tellement élargie du fait de la quantité d'explosifs employée, on descendait la voie dans la brèche, telles des montagnes russes.

Dans nombre de cas, des ponts provisoires, préparés à l'avance sous forme de grands fers à double T, ont permis de franchir des trouées assez importantes.

On a d'ailleurs largement utilisé les ponts militaires préparés dès le temps de paix et il y a lieu de citer aussi les belles estacades rétablies par les Canadiens pour permettre le franchissement provisoire des brèches des sept ponts détruits sur la Sambre entre Aulnoye et Fontaine-Valmont.

Grâce aux mailles serrées des réseaux du Nord et de l'Est, les grands ouvrages détruits ont pu souvent être contournés par des itinéraires secondaires : ainsi pour éviter la brèche du viaduc de Saint-Benin, au Sud du Cateau, on est passé par Wassigny.

C'est par ces procédés que, sans perdre un instant, on a poursuivi l'avancement du rail, au fur et à mesure que l'armée française marchait, conservant son contact avec l'armée allemande en retraite ; c'était le seul moyen d'assurer le ravitaillement des troupes, mais c'était aussi indispensable pour faire parvenir tous les approvisionnements nécessaires aux malheureux habitants de ces régions, au fur et à mesure qu'ils étaient rendus à la liberté.

Immédiatement derrière la Compagnie d'avant-garde venaient d'autres organismes ; tantôt d'autres Compagnies du génie, tantôt des Sections de Chemins de fer de campagne, tantôt des groupements d'agents civils du réseau organisés pour ainsi dire militairement. Ce sont ces organismes qui avaient pour mission de parachever le travail amorcé, en doublant par exemple la voie principale, en aménageant les stations, en reconstituant les gares, en installant une signalisation de fortune, etc. Enfin, arrivaient en troisième vague — si on peut s'exprimer ainsi — les spécialistes constituant les groupements spéciaux du réseau.

C'est alors que commençait le travail proprement dit de la reconstitution définitive, et on peut dire qu'à ce sujet de véritables tours de force ont été réalisés.

Sur le Nord, les photographies, hors texte, montrent, par exemple, l'ouvrage correspondant à la traversée de la Scarpe, à Athies, sur la ligne des houillères, d'une largeur de 58 m et d'une hauteur de 19 m et qui a été comblée par l'ouvrage définitif en soixante jours (du 15 novembre 1918 au 15 janvier 1919) *(fig. 8, pl. 1)*.

On voit aussi le viaduc de Saint-Benin, terminé fin août 1919, après cent vingt jours de travail : la brèche à combler *(fig. 9, pl. 1)* s'étendait sur 175 m de longueur et il a fallu déblayer 16 000 m cubes de maçonnerie après avoir débité à la mine tout le chaos de la destruction. C'est certainement le record de la vitesse pour un ouvrage de cette importance *(fig. 10, pl. 1.)*

A citer aussi le viaduc de Blangy sur la branche transversale Valenciennes, Aulnoye et Hirson *(fig. 11, pl. 1)*. Son déblaiement fut particulièrement difficile en raison des masses énormes de maçonnerie et de métal qu'il a fallu débiter à la mine et au chalumeau. Il était complètement reconstruit le 30 août 1919 *(fig. 12, pl. 1)*.

Voici encore le viaduc d'Ohis, sur la ligne de Douai à Cambrai, Busigny et Hirson, terminé le 10 décembre 1919 *(fig. 13 et 14, pl. 1.)*

En ce qui concerne les tunnels, nous pouvons citer celui de Vauxaillon près de Laon qui fut détruit en 1917 aux deux têtes et au milieu par les Allemands. Sa réparation complète était chose accomplie le 1er juin 1919.

Sur l'Est, il faut, entre autres, citer les ponts de Mézières, sur la Meuse que nous montrent les photographies après destruction et aussitôt reconstruits *(fig. 15 et 16, pl. 1)* ; les ponts de Guignicourt, sur l'Aisne, et combien d'autres qui ont été complètement refaits; également le souterrain de Perthes près Rethel (ligne de Paris à Charleville), dont, outre l'explosion des têtes, les Allemands avaient miné l'intérieur en deux endroits; le souterrain de Mézières, déjà cité, au milieu duquel les Allemands avaient fait exploser une mine de telles dimensions qu'il en était résulté un entonnoir formidable, dans lequel a été engloutie toute la partie supérieure de la colline qui se trouvait au-dessus du tunnel, ce qui explique suffisamment la tranchée actuelle à l'emplacement de l'ancien tunnel.

Grâce à ces moyens d'action, les résultats ont dépassé les espoirs des plus impatients et des plus optimistes.

Le 27 octobre 1918, avant l'armistice, le premier train de voyageurs arrivait à Lille, ou du moins à Saint-André, par Calais (on faisait alors le trajet en douze heures).

Le 28 novembre, le premier train de voyageurs était à Saint-Quentin.

Dans le courant de décembre il était à Douai, à Valenciennes et à Cambrai. A la date même du 1er janvier 1919, pour les étrennes de la ville de Lille, la capitale du Nord, le premier train de voyageurs pénétrait dans sa gare actuelle reconstituée.

Le 1er février 1919, on avait ainsi réouvert à l'exploitation provisoire, sur le réseau du Nord, 595 km de ligne; le 15 mai, il y en avait 532 en plus, soit au total 1 127; à cette dernière date, tout le possible avait été fait qui n'exige pas de trop grandes préparations et s'accommode de dispositions provisoires, en attendant la reconstitution définitive.

Sur le réseau de l'Est, la reconstruction fut rendue plus particulièrement difficile du fait que l'ennemi ne commença son mouvement de recul que tardivement : il était encore à Rethel le 2 novembre 1918 et, lors de l'armistice, une partie notable du réseau était encore ou occupée ou sur la ligne de bataille.

D'autre part, les effectifs des troupes de chemin de fer, réduits fortement dès l'armistice, ne purent rétablir qu'un petit nombre de lignes et la Compagnie dut attaquer des chantiers importants (souterrains de la région de Liart, ponts sur la Meuse et l'Aisne) alors qu'ils n'étaient pas encore accessibles au rail. Le ravitaillement présenta donc de grosses difficultés et donna lieu à une mise en train extrêmement pénible.

Au 15 février 1919, il restait encore 413 km à remettre en état; au 15 mai 1919, ce nombre tombait à 323 km et, le 15 septembre de la même année, à 100 km.

Les efforts de la reconstitution se sont trouvés enfin considérablement accrus, du fait qu'on ne s'est pas borné, surtout pour les grandes gares, à reproduire servilement ce qui existait autrefois. La destruction totale, en balayant le terrain, laissait en effet le choix des solutions.

On est donc sorti du cadre du passé, chaque fois où cela paraissait être avantageux, pour faire plus commode, mais surtout pour ménager l'avenir, et, par conséquent, il a fallu inventer, sans retarder les travaux, bon nombre de solutions nouvelles.

C'est dans cet ordre d'idées qu'ont été conçues les nouvelles gares : de la Délivrance, destinées à centraliser, à répartir et trier tout le trafic marchandises de la région si industrielle de Lille, Roubaix, Tourcoing et abords ; de Lens, gare minière, qui est le point de concentration du trafic des concessions de Lens, Courrières et Liévin, etc. ; de Tergnier, de Laon et d'Hirson, gare de triage à l'intersection des grandes lignes de Paris vers la Belgique et l'Allemagne, et les transversales allant des ports du Nord vers la région de l'Est ; et bien d'autres enfin, car on ne peut guère les citer toutes tant elles sont nombreuses les gares importantes qui ont été touchées par la dévastation.

Mais surtout il a fallu procurer le gîte aux nombreux agents qui venaient assurer l'existence du chemin de fer dans ces régions désertiques. Des cités ouvrières avec des maisons des types les plus divers, mais tout à fait confortables, se sont élevées comme par enchantement à Béthune, Lens, Tergnier, etc., cette dernière cité est représentée par son panorama général *(fig. 17, pl. 1)* et le spécimen d'une des maisons *(fig. 18, pl. 1)*. Cela ne coûtera pas moins de 200 millions, rien que pour le Nord ; et c'était le point de départ indispensable de la reconstitution intensive à laquelle on voulait arriver et qu'en fait on a menée.

On juge, par ces seuls exemples, du travail immense à accomplir sur tout l'ensemble du réseau du Nord où les gares de première et de moyenne importance à rétablir se comptent par centaines ; et, cependant, par les procédés mécaniques les plus perfectionnés, par l'utilisation d'une importante main-d'œuvre disponible, avec le concours de techniciens éprouvés, on compte bien arriver à parfaire en grande partie, au cours de cette année, l'œuvre complète de la reconstitution.

C'est certainement l'effort le plus formidable qu'on ait pu concevoir, et demain, quand toutes les blessures des réseaux envahis auront été pansées, nous ne perdrons pas pour cela le souvenir de l'immense désastre qui en a été la cause.

Certainement, il restera des sceptiques qui ne pourront croire que tant de ruines aient pu être aussi rapidement relevées. C'est fatalement ce à quoi doivent s'attendre ceux qui sont partis les premiers et ont marché très vite, car ils ont souvent fini de guérir avant que personne se doute de l'importance et parfois même de la réalité du mal et ne puisse, par conséquent, en aucune facon; mesurer l'étendue de l'œuvre accomplie.

Peu importe! car le relèvement national exigeait avant tout cet effort.

Et qui pourrait avoir maintenant la faiblesse d'arrêter cet élan. Ce serait une honte, sinon un crime.

Les Alliés ne peuvent permettre qu'il y ait dans le Reich le moindre centime disponible tant que, non seulement l'œuvre de réparation dans ces régions n'aura été complète, mais que la rénovation des moyens mis à la disposition de ceux qui ont si durement souffert ne sera telle qu'ils puissent espérer en obtenir très rapidement la compensation des pertes subies si tant est qu'on puisse rattrapper le temps affreusement perdu!

IMPRIMERIE CHAIX, RUE BERGÈRE, 20, PARIS. — 15765-10-21. — (Encre Lorilleux).

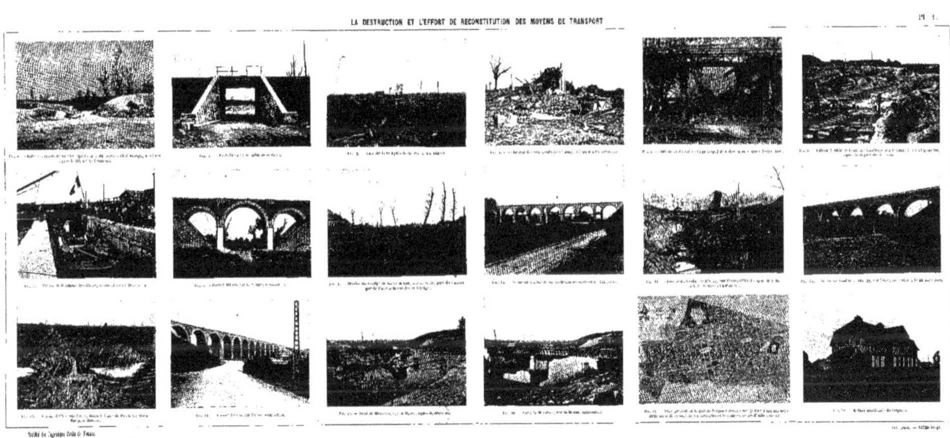

www.ingramcontent.com/pod-product-compliance
Ingram Content Group UK Ltd.
Pitfield, Milton Keynes, MK11 3LW, UK
UKHW020235180726
13838UKWH00005B/2398